Conta de novo

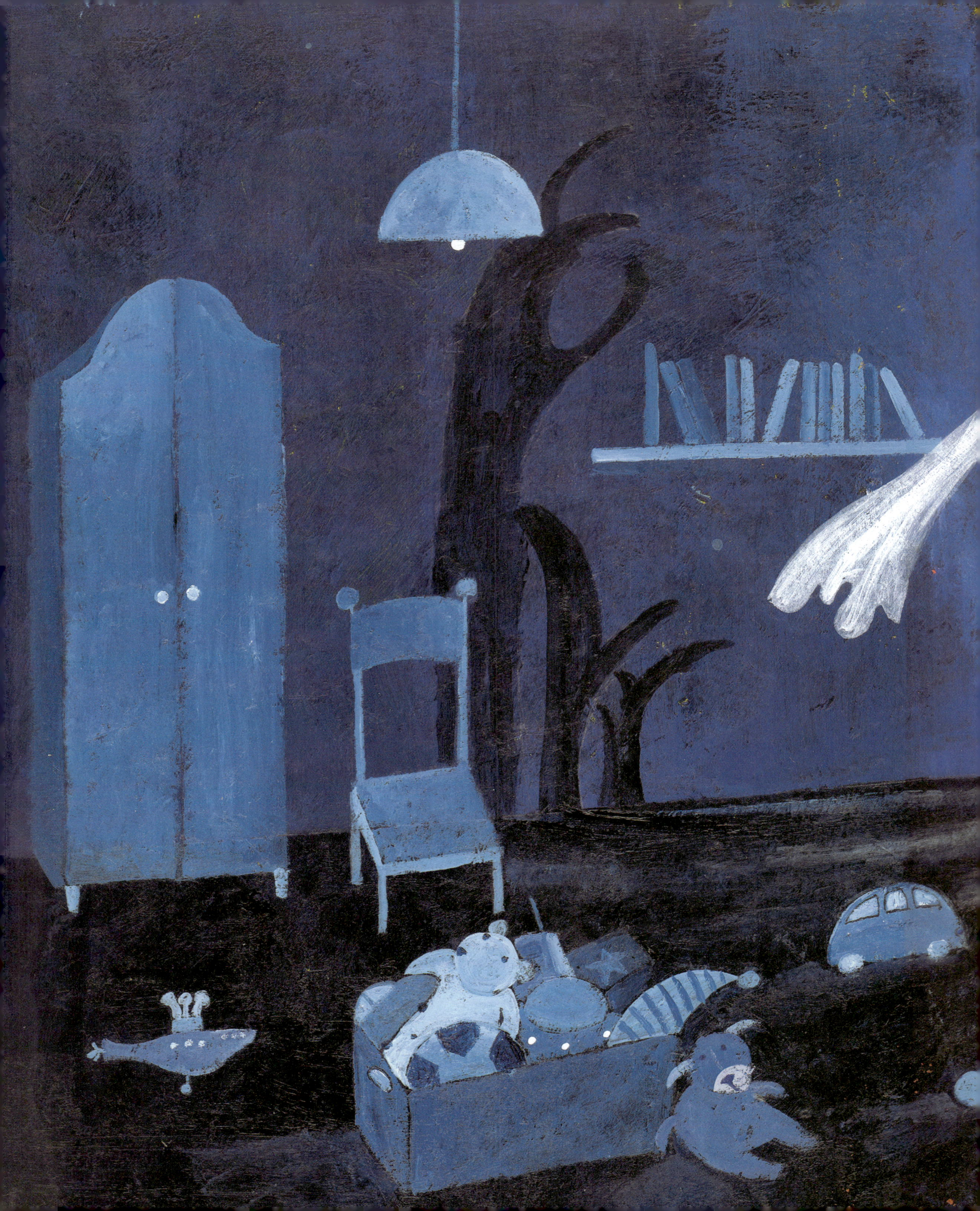

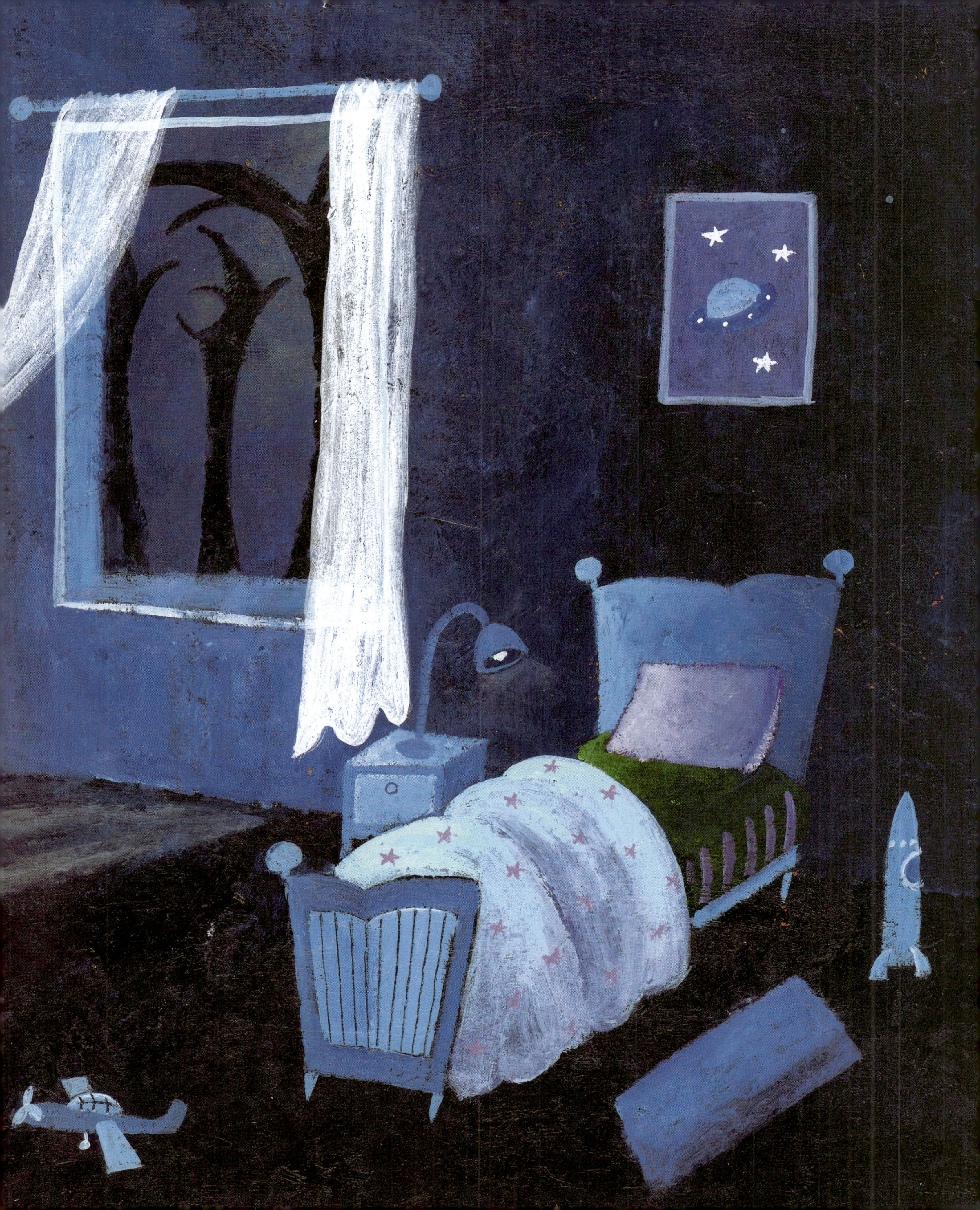

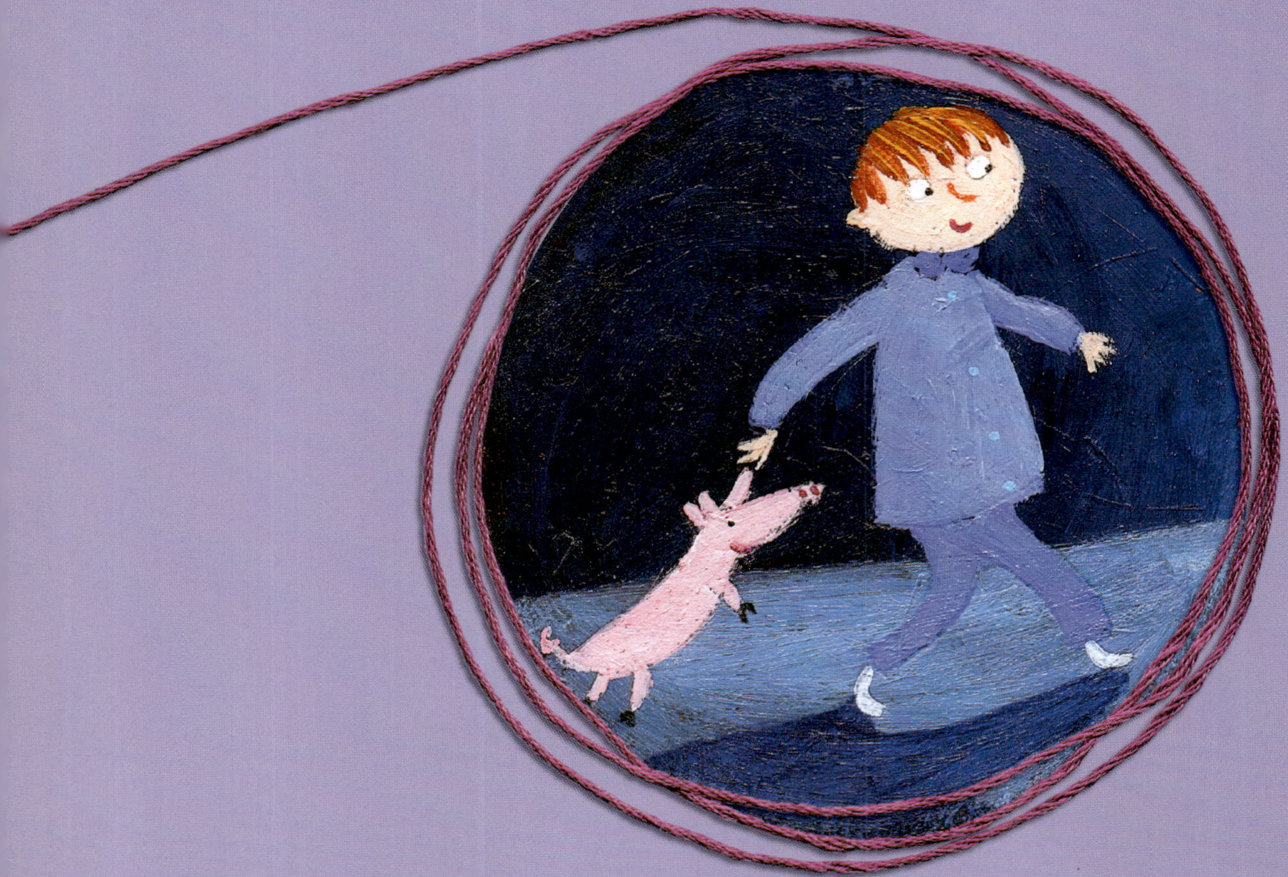

Ana Maria Machado

O domador de monstros

ilustrações ✲ Suppa

São Paulo - 2003

FTD

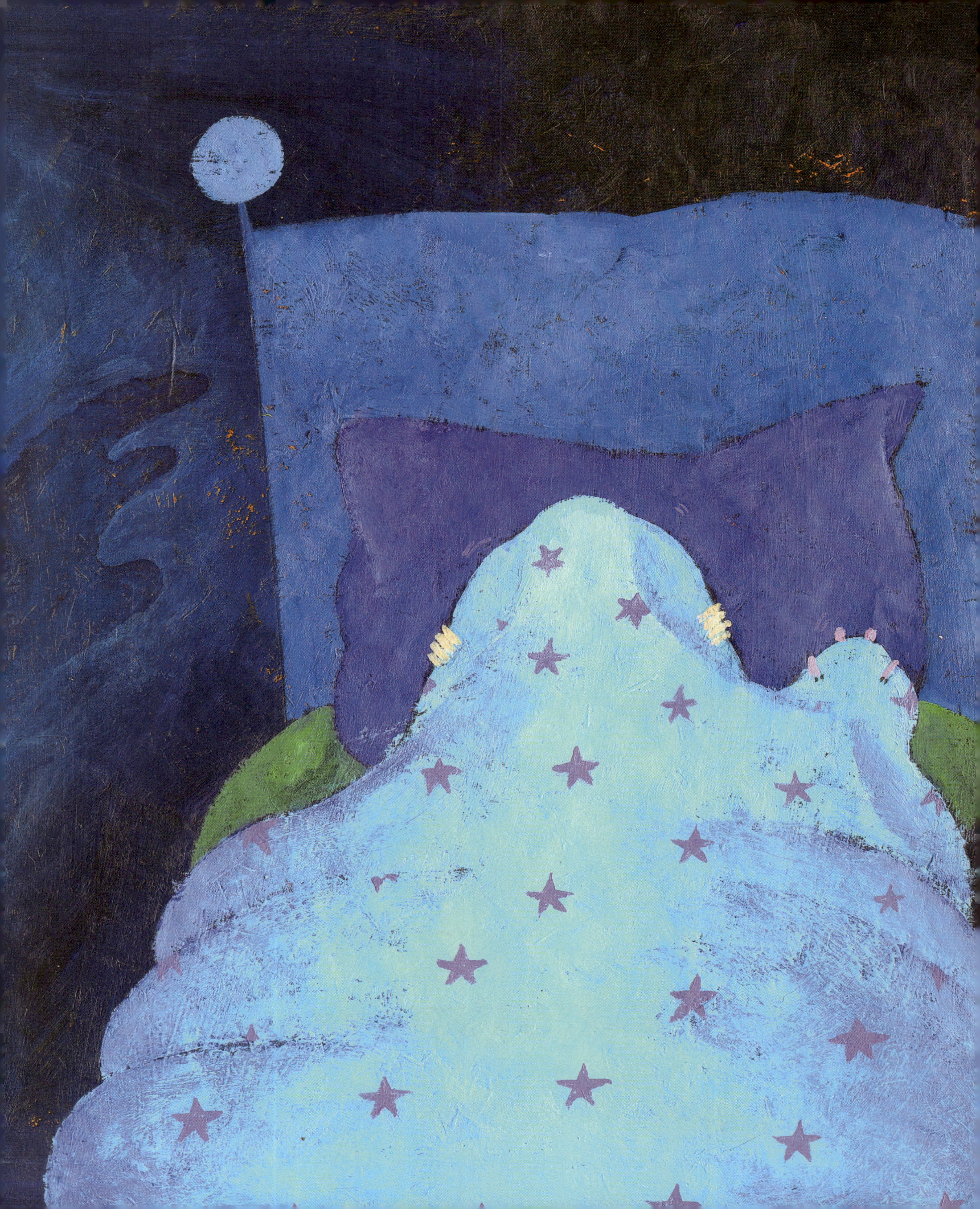

Era uma vez um menino chamado Sérgio. Um menino como você e eu, que às vezes tinha medo e às vezes era corajoso. Uma noite, antes de dormir, ele ficou olhando as manchas que as sombras das árvores lá de fora iam formando na parede do quarto. Elas mexiam, mudavam de lugar, viravam figuras de monstros horríveis, horrendos, horrorosos.

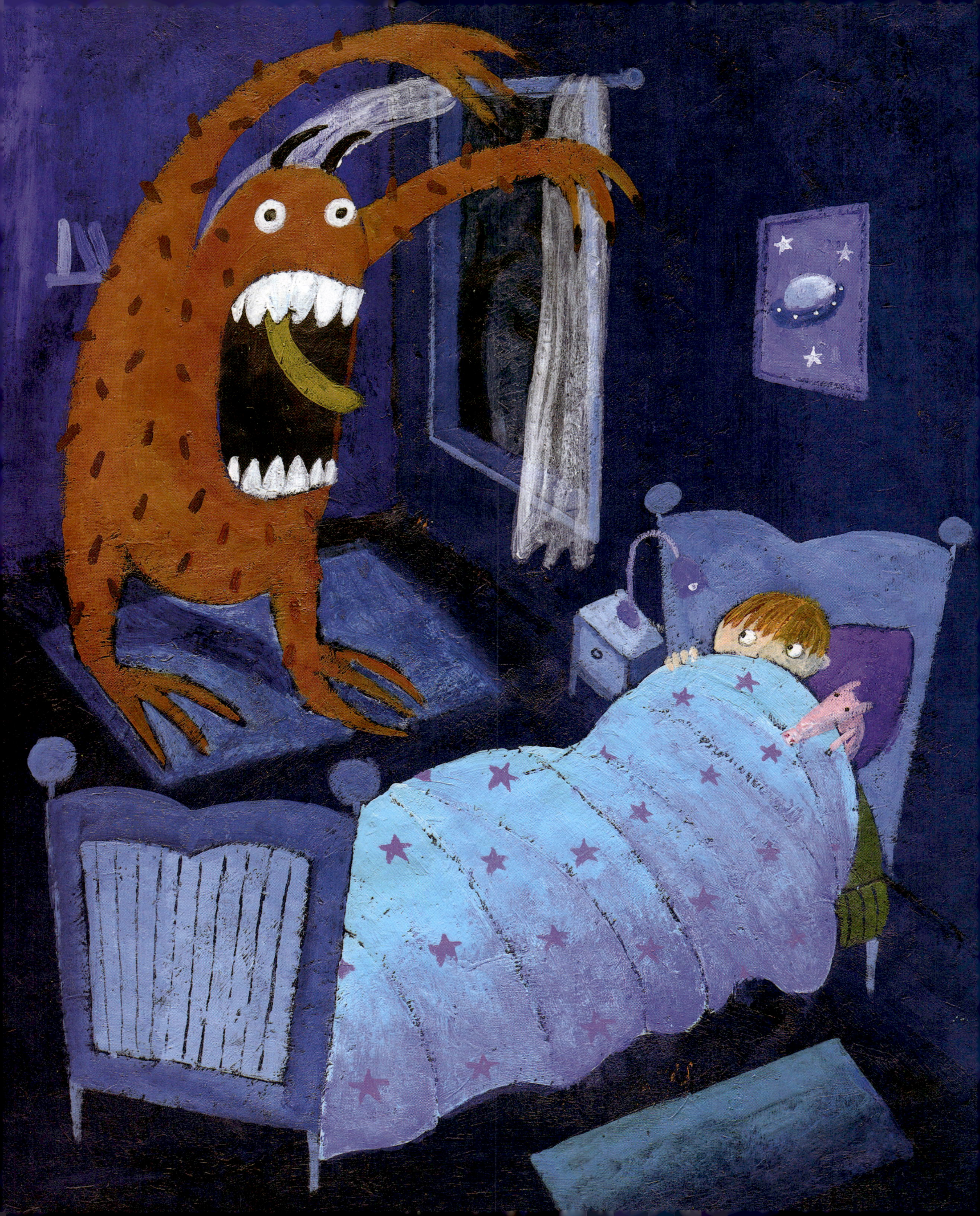

Sérgio ficou com medo. Para espantar o medo, o jeito era conversar com o monstro:

– Você pensa que me mete medo, é? Só porque é feioso? Se ficar me olhando assim, eu chamo um monstro mais feio para te assustar.

Mas o monstro da parede nem ligou. Sérgio fechou os olhos bem apertados e chamou um monstro mais horrendo, horrível e horroroso. E avisou:

– Aí vem um monstro de um olho só.

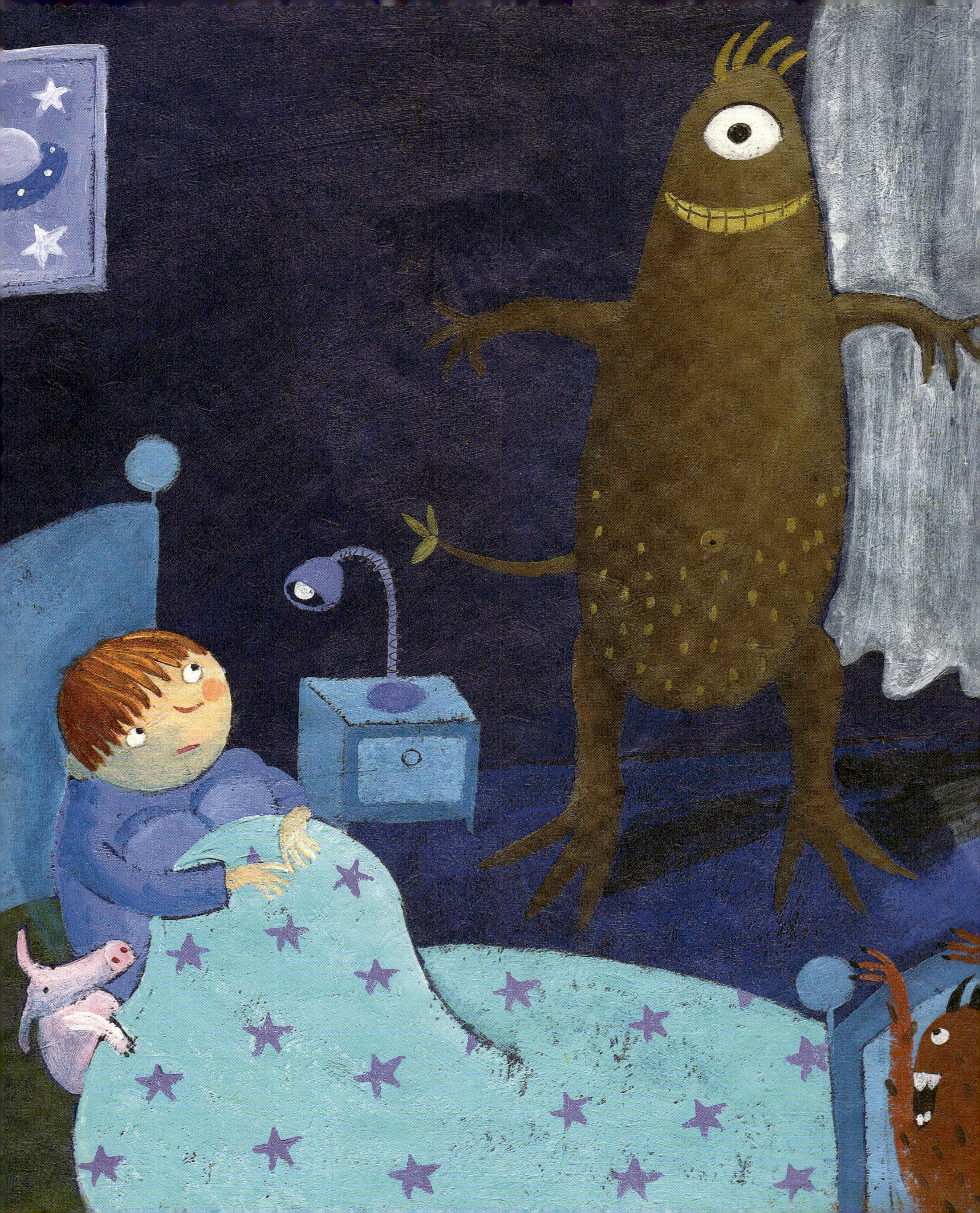

Quando Sérgio abriu os olhos, o monstro velho tinha ido embora da parede e lá estava o novo, de um olho só, olhando para ele. Aí Sérgio disse:

– Se ficar me olhando assim, eu chamo um monstro mais feio para te assustar.

Mas o monstro da parede nem ligou. Então Sérgio avisou:

– Aí vem um monstro de um olho só e duas bocas.

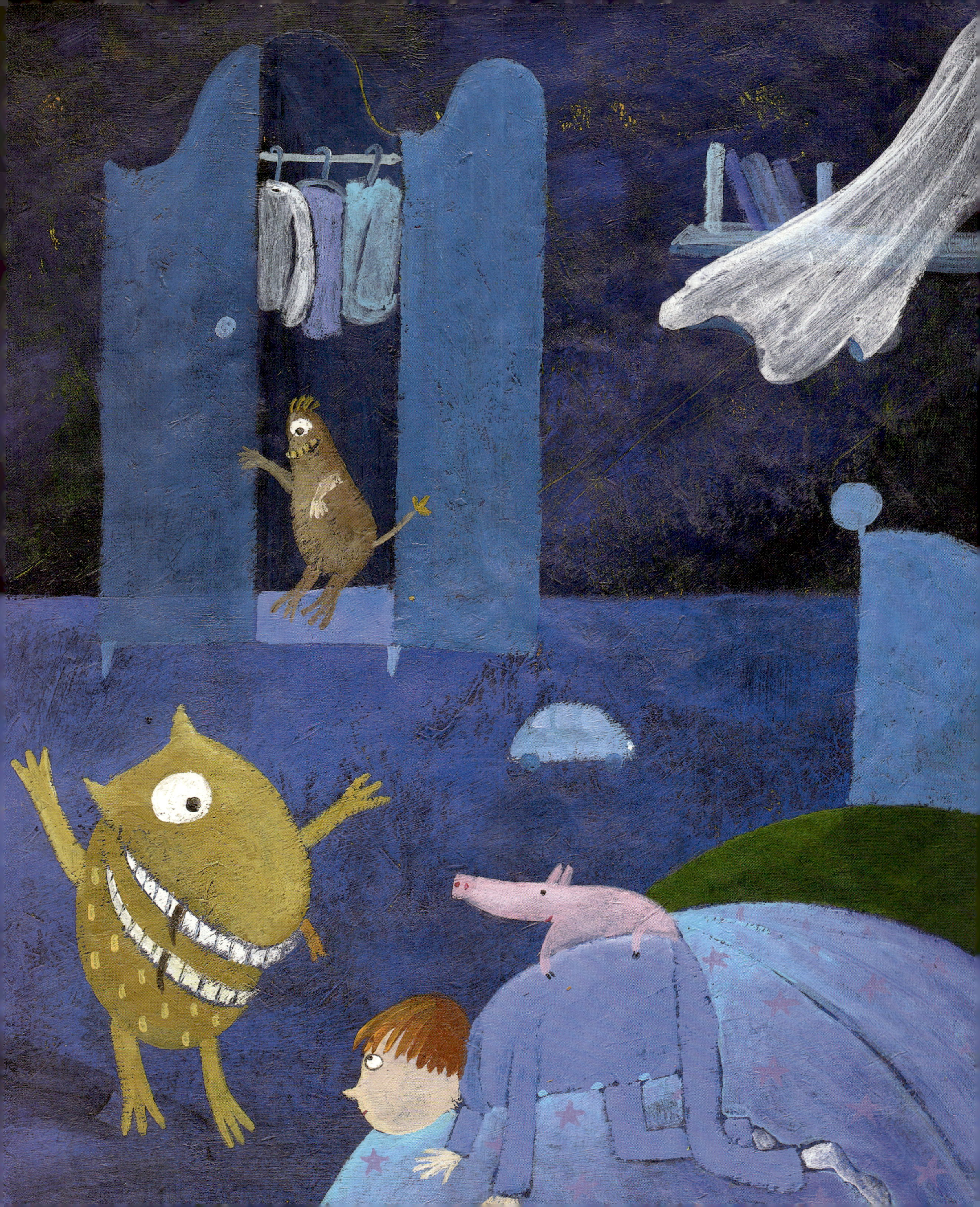

E quando abriu os olhos, o monstro velho tinha ido embora da parede, e lá estava o novo olhando para ele com seu olho só e suas duas bocas. Aí Sérgio disse:

– Se ficar me olhando assim, eu chamo um monstro mais feio para te assustar.

Mas o monstro da parede nem ligou. Então Sérgio avisou:

– Aí vem um monstro com um olho só, duas bocas e três chifres.

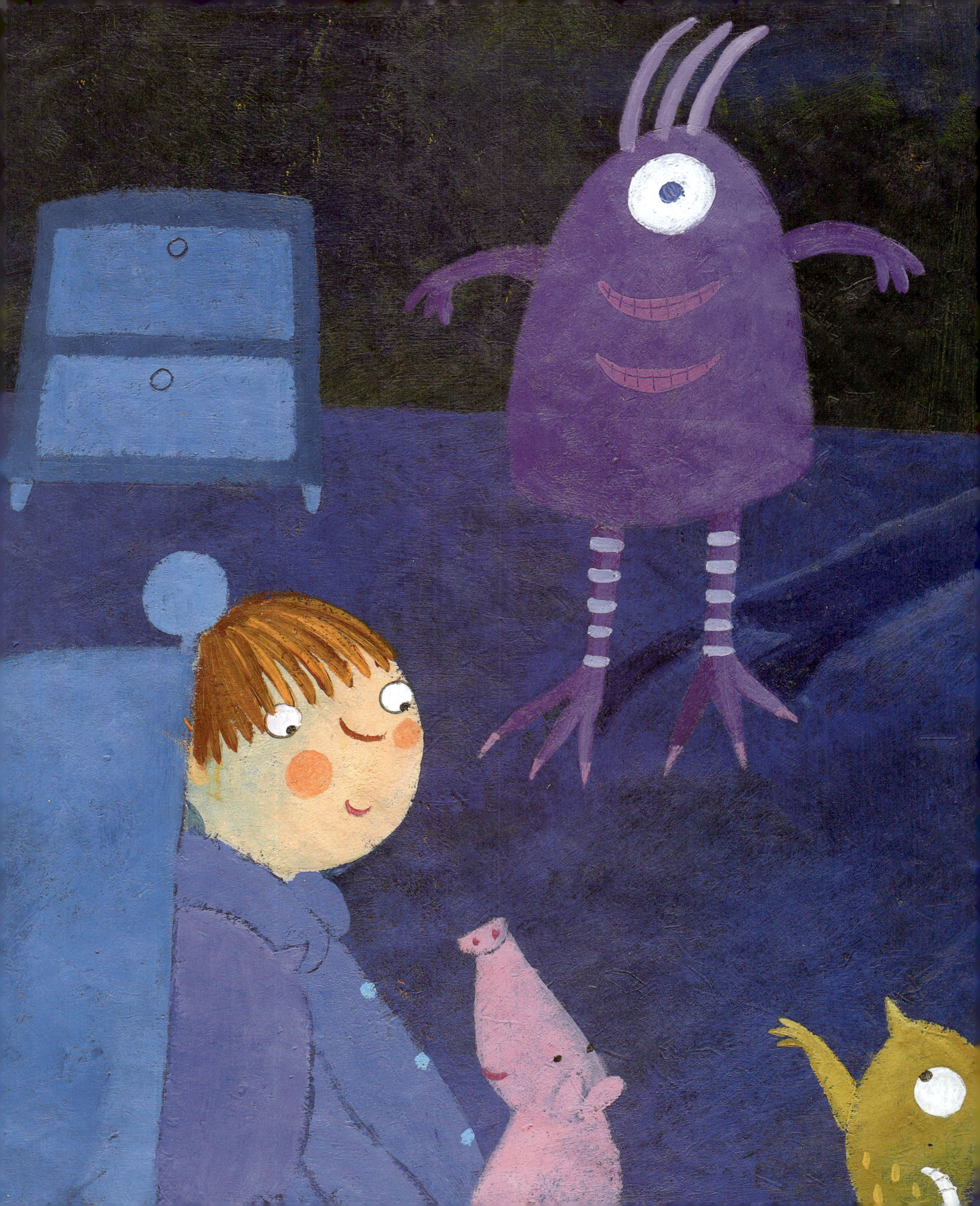

E quando abriu os olhos, o monstro velho tinha ido embora da parede e lá estava o novo olhando para ele com seu olho só, suas duas bocas e seus três chifres. Daí a pouco Sérgio disse:

– Se ficar me olhando assim, eu chamo um monstro mais feio para te assustar.

Mas o monstro da parede nem ligou. Então Sérgio avisou:

– Aí vem um monstro com um olho só, duas bocas, três chifres e quatro trombas.

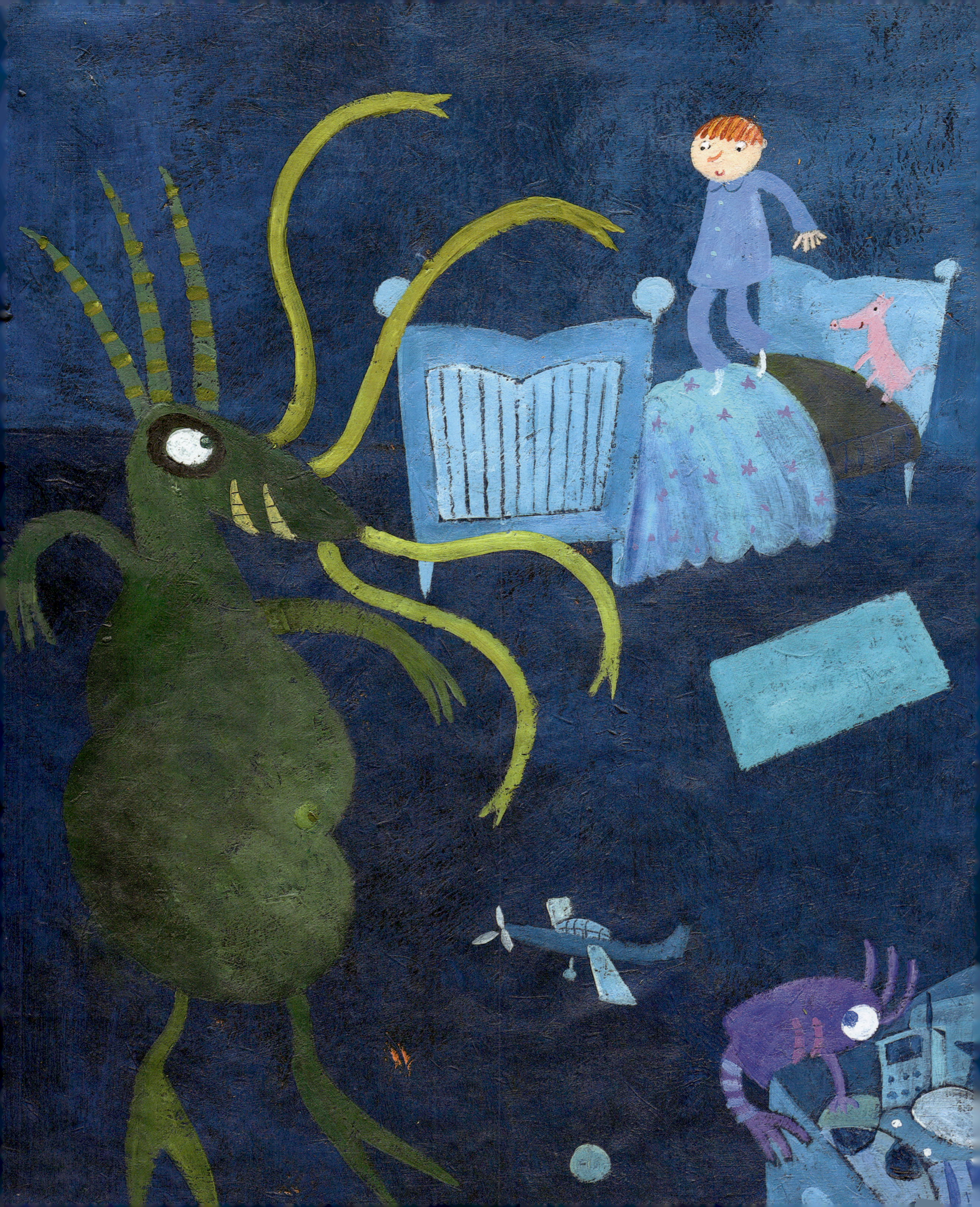

E quando abriu os olhos, o monstro velho tinha ido embora da parede e lá estava o novo olhando para ele. Com seu olho só, suas duas bocas, seus três chifres, suas quatro trombas. Daí a pouco Sérgio disse:

– Se ficar me olhando assim, eu chamo um monstro mais feio para te assustar.

Mas o monstro da parede nem ligou. Então Sérgio avisou:

– Aí vem um monstro com um olho só, duas bocas, três chifres, quatro trombas e cinco umbigos.

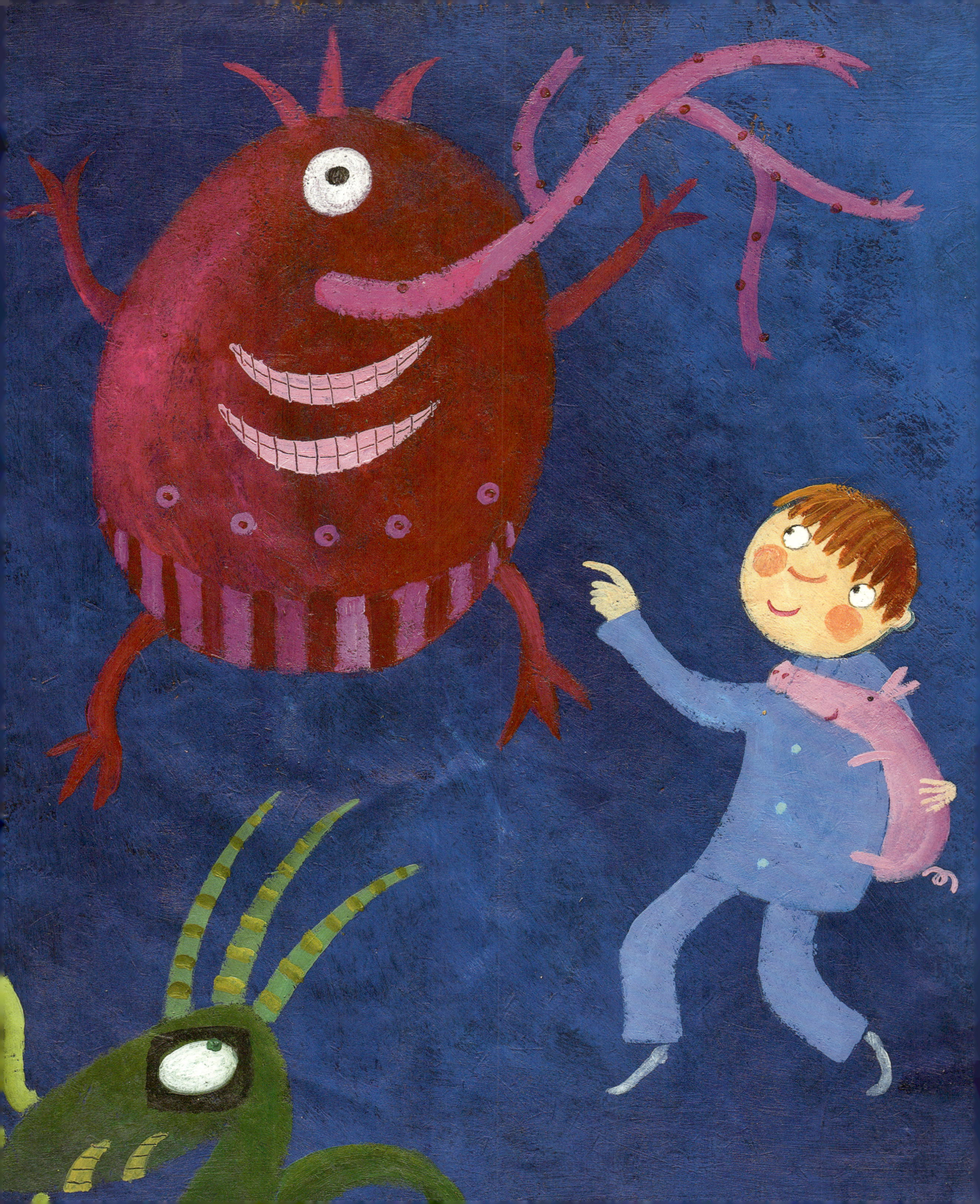

E quando abriu os olhos, o monstro velho tinha ido embora da parede e lá estava o novo olhando para ele. Com seu olho só, suas duas bocas, seus três chifres, suas quatro trombas, seus cinco umbigos. Daí a pouco Sérgio disse:

– Se ficar me olhando assim, eu chamo um monstro mais feio para te assustar.

Mas o monstro da parede nem ligou. Então Sérgio avisou:

– Aí vem um monstro com um olho só, duas bocas, três chifres, quatro trombas, cinco umbigos e seis línguas.

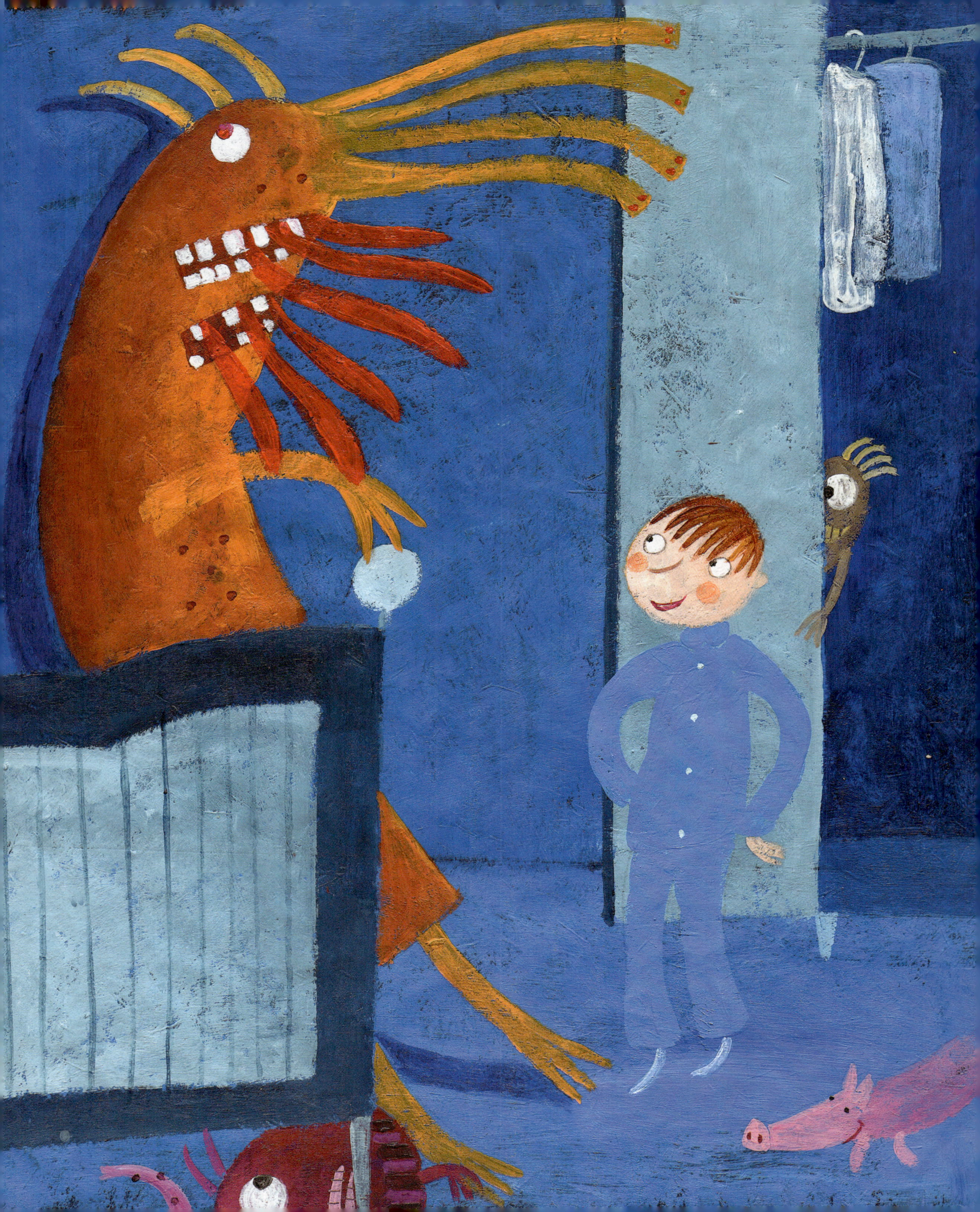

E quando abriu os olhos, o monstro velho tinha ido embora da parede e lá estava o novo olhando para ele. Com seu olho só, suas duas bocas, seus três chifres, suas quatro trombas, seus cinco umbigos e suas seis línguas. Um monstro meio engraçado. Daí a pouco Sérgio disse:

– Se ficar me olhando assim, eu chamo um monstro mais feio para te assustar.

Mas o monstro da parede nem ligou. Então Sérgio avisou:

– Aí vem um monstro com um olho só, duas bocas, três chifres, quatro trombas, cinco umbigos, seis línguas e sete rabos.

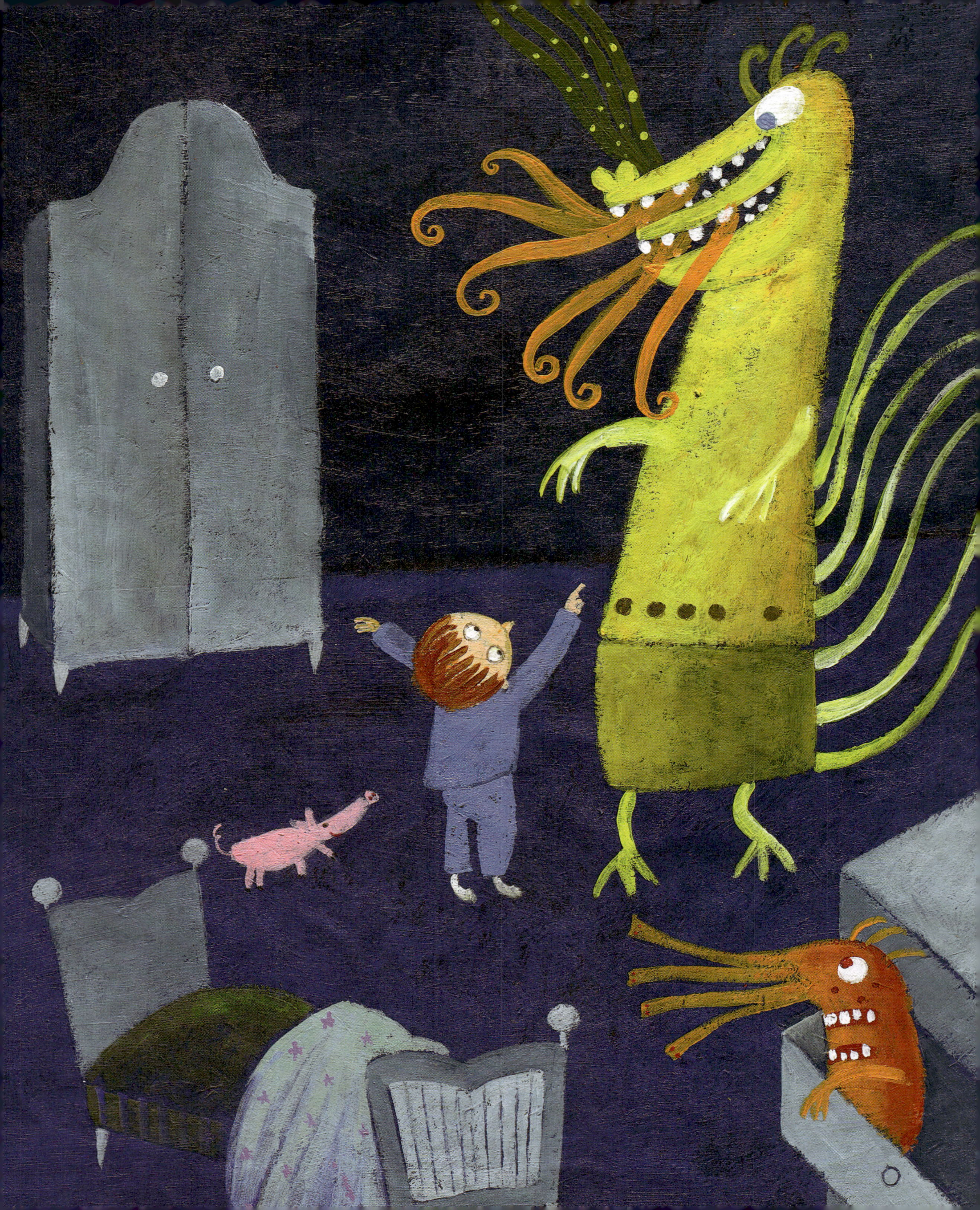

E quando abriu os olhos, o monstro velho tinha ido embora da parede e lá estava o novo olhando para ele. Horroroso e engraçado. Com seu olho só, suas duas bocas, seus três chifres, suas quatro trombas, seus cinco umbigos, suas seis línguas e seus sete rabos. Sérgio estava com muita vontade de rir, mas disse:

– Se ficar me olhando assim, eu chamo um monstro mais feio ainda para te assustar.

Mas o monstro da parede nem ligou. Então Sérgio avisou:

– Aí vem um monstro com um olho só, duas bocas, três chifres, quatro trombas, cinco umbigos, seis línguas, sete rabos e oito corcovas.

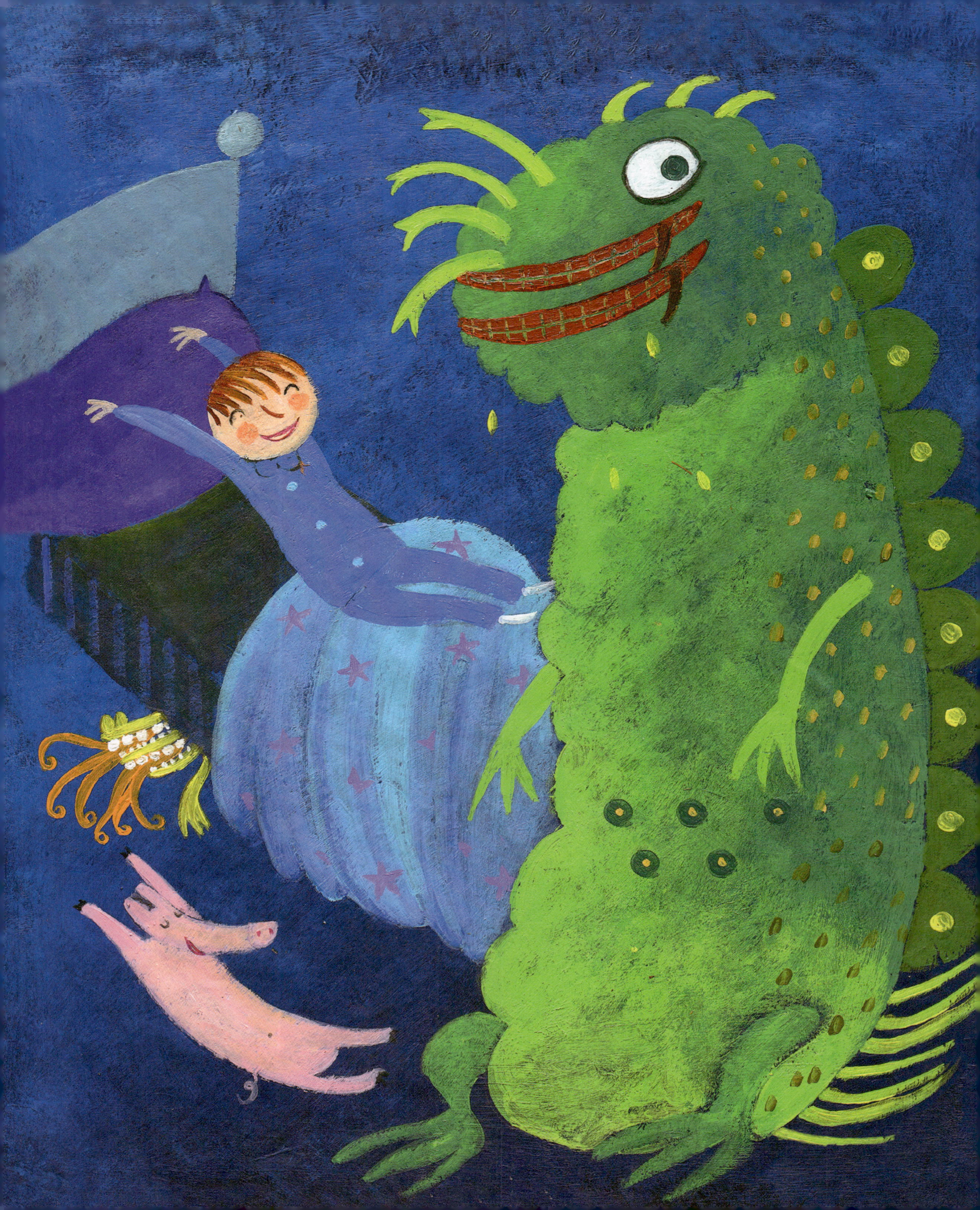

E quando abriu os olhos, o monstro velho tinha ido embora da parede e lá estava o novo olhando para ele. Horroroso e engraçado, horrível e gozado. Com seu olho só, suas duas bocas, seus três chifres, suas quatro trombas, seus cinco umbigos, suas seis línguas, seus sete rabos, suas oito corcovas. Sérgio ficou ainda com mais vontade de rir, mas disse:

– Se ficar me olhando assim, eu chamo um monstro mais feio ainda para te assustar.

Mas o monstro da parede nem ligou. Então Sérgio avisou:

– Aí vem um monstro com um olho só, duas bocas, três chifres, quatro trombas, cinco umbigos, seis línguas, sete rabos, oito corcovas e nove pernas.

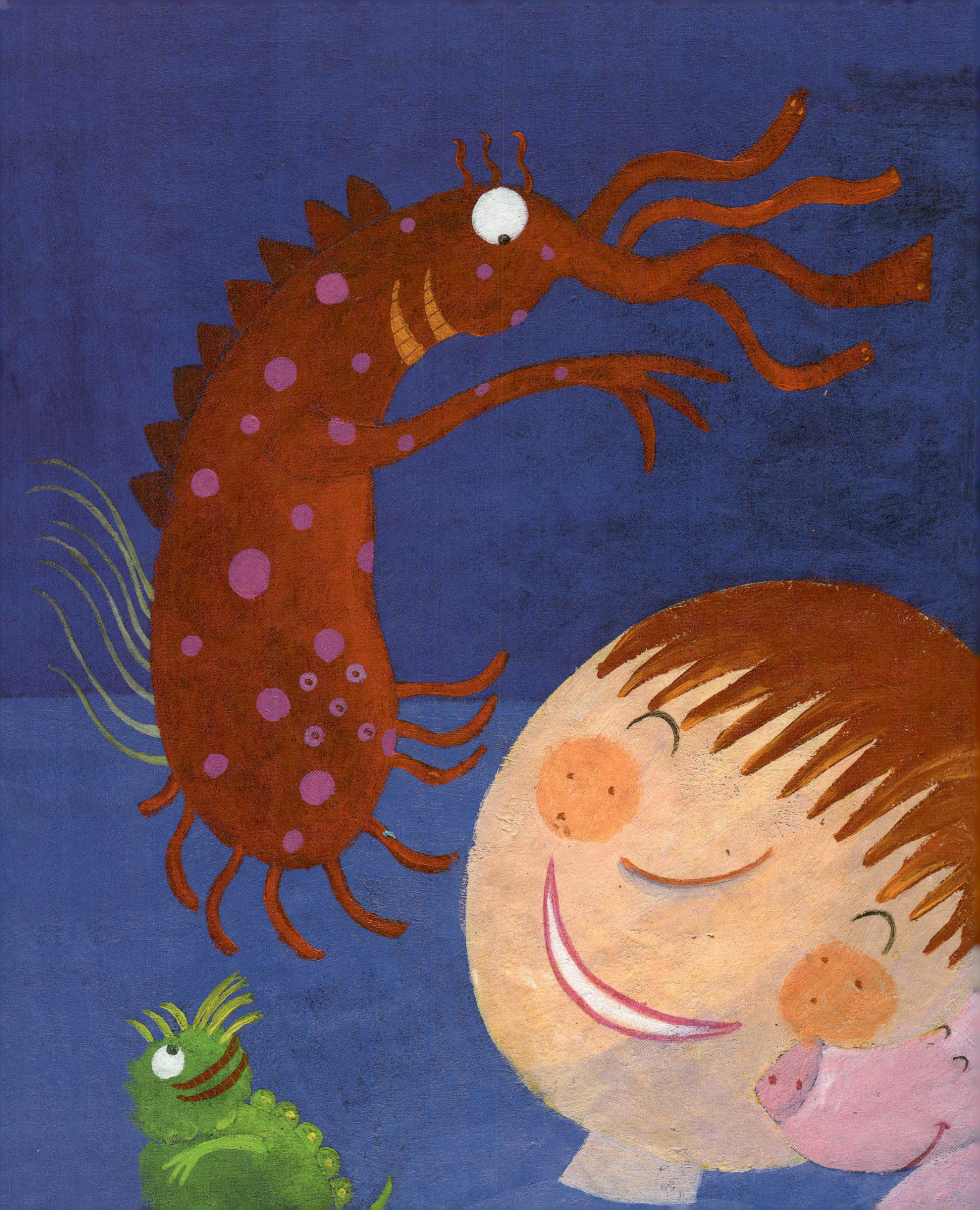

E quando abriu os olhos, o monstro velho tinha ido embora da parede e lá estava o novo olhando para ele. Horroroso e engraçado, horrível e gozado, horrendo e divertido. Com seu olho só, suas duas bocas, seus três chifres, suas quatro trombas, seus cinco umbigos, suas seis línguas, seus sete rabos, suas oito corcovas e suas nove pernas. Sérgio não agüentava mais de tanta vontade de rir, mas mesmo assim ainda disse:

– Se ficar me olhando assim, eu chamo um monstro mais feio ainda para te assustar.

Mas o monstro da parede nem ligou. Então Sérgio avisou:

– Aí vem um monstro de um olho só, duas bocas, três chifres, quatro trombas, cinco umbigos, seis línguas, sete rabos, oito corcovas, nove pernas, dez cores, onze caretas, doze sorrisos, treze risadinhas, quatorze gargalhadas, quinze cambalhotas...

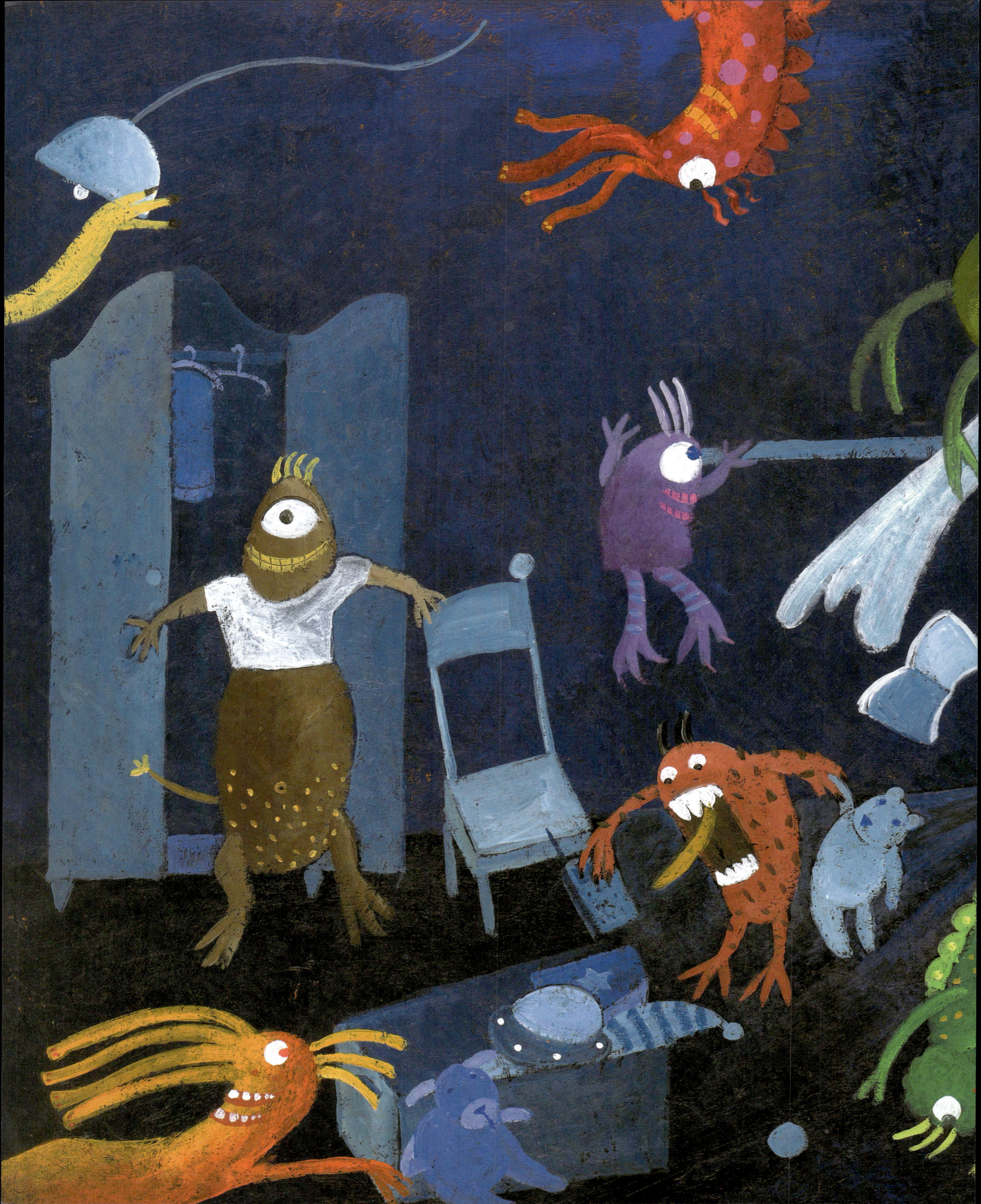

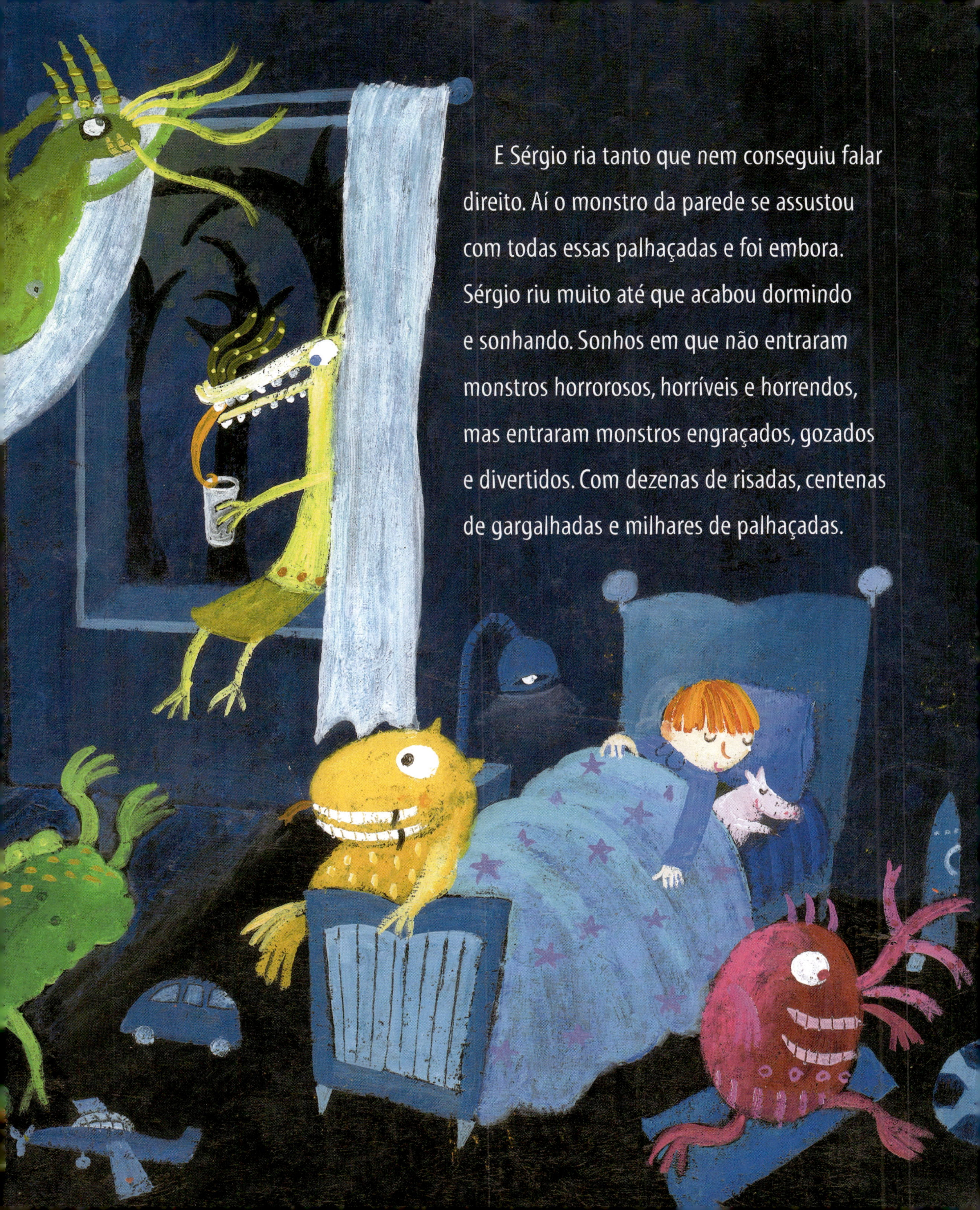

E Sérgio ria tanto que nem conseguiu falar direito. Aí o monstro da parede se assustou com todas essas palhaçadas e foi embora. Sérgio riu muito até que acabou dormindo e sonhando. Sonhos em que não entraram monstros horrorosos, horríveis e horrendos, mas entraram monstros engraçados, gozados e divertidos. Com dezenas de risadas, centenas de gargalhadas e milhares de palhaçadas.

Quem é

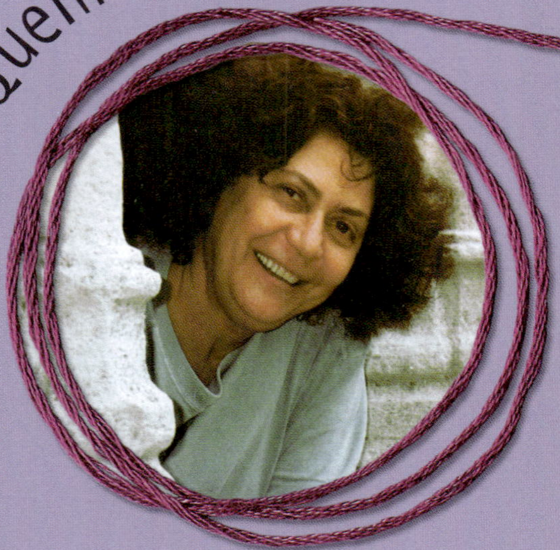

Ana Maria Machado

Meu nome é Ana Maria Machado e eu vivo inventando histórias. Algumas delas, eu escrevo. E dessas que eu escrevo, algumas andam virando livros. Em sua maioria, livros infantis, quer dizer, livro que criança também pode ler. Adoro meu trabalho. Ainda bem, porque acho que não ia conseguir viver se não escrevesse. Tanto assim que já fui professora, já fui jornalista (já fui até chefe de uns trinta jornalistas ao mesmo tempo), já fiz programa de rádio e acabei largando tudo para só viver de livro.

Coisas de que gosto: gente, mar, sol, natureza em geral, música, fruta, salada, cavalo, dançar, carinho. Coisas que eu não agüento: qualquer forma de injustiça ou prisão e gente que quer cortar a alegria dos outros. Mas isso nem precisava dizer – é só ler meus livros que todo mundo fica sabendo.

Quem é

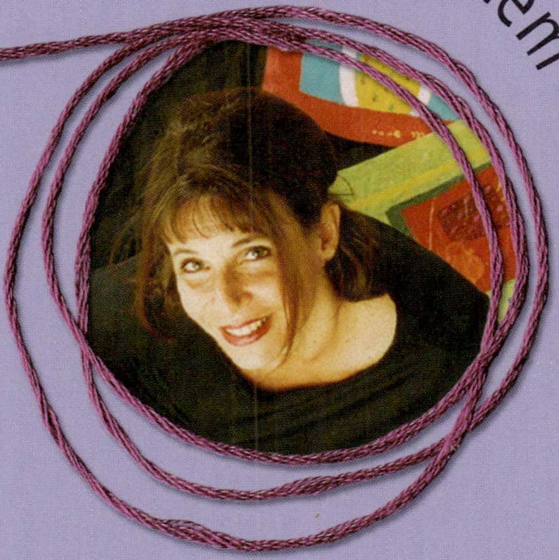

Suppa

Entrei na faculdade de Arquitetura e até então não havia descoberto minha verdadeira vocação.

Como já sabia desenhar, prestava serviços aos amigos e a meu pai.

Depois que me formei, fui para a Europa, onde deveria fazer pós-graduação em Urbanismo (que desculpa!). Paris era meu alvo.

Durante um ano só fiz estudar francês e desenhar minhas aventuras (achava que não sabia escrever).

Com esses desenhos e o meu diploma garanti uma vaga na École d'Arts Appliqués Duperre, no curso de histórias em quadrinhos.

Enquanto cursava a escola, fiz vários estágios, um deles como colorista das histórias em quadrinhos do comandante Jacques Cousteau. Trabalhei 4 anos na Fundação Cousteau.

A partir daí não parei mais de desenhar. Ilustrei revistas, campanhas publicitárias e livros infantis.

Vinte anos depois, voltei ao Brasil, cansada do frio e da vida com tantas certezas.

Mas, ao contrário do que muitos possam imaginar, não me arrependi. Não só consegui muitos trabalhos por aqui, e continuei os de lá, mas pude resgatar muitas coisas do meu país, aquelas com que tanto me decepcionei um dia e me fizeram partir.

É verdade que sinto falta de Paris. De vez em quando eu volto e respiro tudo o que ela fez por mim.

EDITORA FTD S.A.
Matriz: Rua Rui Barbosa, 156 (Bela Vista) São Paulo – SP – CEP 01326-010
Tel. (0xx11) 3253-5011 – Fax (0xx11) 3284-8500 r. 282 – Caixa Postal 65149 – CEP da Caixa Postal 01390-970
Internet: http://www.ftd.com.br – E-mail: projetos@ftd.com.br

Gerente editorial Ceciliany Alves **Editora** Dulcy Grisolia **Editora assistente** Miriam Chinalli **Coordenadora de revisão** Elvira da Rocha Kurata **Preparadores e revisores de texto** Adolfo José Facchini, Jane dos Santos Coelho Taniguchi, Regina Célia Barrozo **Editora de arte** Glair Alonso Arruda **Projeto gráfico (capa e miolo)** Glair Alonso Arruda **Ilustradora** Suppa **Diagramadores** Fabiano dos Santos Mariano, Sheila Moraes Ribeiro, Oséias Dias Sanches **Assistente editorial** Lilia Pires **Digitadora** Maria Lamano

Editoração eletrônica
Finalização Ana Isabela Pithan Maraschin e Daniel Rizzi
Coordenação Carlos Rizzi e Reginaldo Soares Damasceno

Dados Internacionais de Catalogação na Publicação (CIP)
(Câmara Brasileira do Livro, SP, Brasil)

Machado, Ana Maria
O domador de monstros / Ana Maria Machado ; ilustradora Suppa. — São Paulo : FTD, 2003. (Coleção conta de novo)

1. Literatura infanto-juvenil I. Suppa. II. Título. III. Série.

03-1817 CDD-028.5

Índices para catálogo sistemático:
1. Literatura infantil 028.5
2. Literatura infanto-juvenil 028.5